Hochsensible Kinder verstehen und einfühlsam erziehen

Wie Sie Ihr gefühlsstarkes Kind auf seinem Weg ideal begleiten, unterstützen und ohne Schimpfen glücklich erziehen - inkl. 10-Schritte-Plan für einen achtsamen Umgang mit Hochsensibilität

Mareike Waldecker

INHALT

Das erwartet Sie in diesem Buch 1

Was bedeutet Hochsensibilität? 4

Fachliche Kriterien einer Hochsensibilität und aktuelle Forschungsergebnisse.................................. 4

Besonderheiten bei Kindern 7

Woran erkenne ich, dass mein Kind hochsensibel ist? 10

Positive Aspekte der Hochsensibilität – Alles eine Frage des Blickwinkels? 13

Was braucht mein Kind von mir? 16

Bedingungslose Liebe und Kommunikation als Grundlage 16

Was bedeutet bedingungslose Liebe?............... 16

Wie gelingt verständnisvolle Kommunikation?. 20

Die Mischung macht's – Warum eine stabile Tagesstruktur wichtig ist, allerdings nicht immer richtig.. 26

Der Überreizung vorbeugen und Räume zur Entspannung schaffen 29

Warum um Unterstützung zu bitten keinesfalls Schwäche zeigt 34

Professionelle Unterstützungsmöglichkeiten...... 39

Was ist mit mir los? – Kindgerechte Erklärungen
für die Hochsensibilität...42

Verständnis und Akzeptanz für sich selbst
schaffen 42

Interaktion mit anderen Kindern 46

10 Schritte zum achtsameren Umgang mit mir und
meinem hochsensiblen Kind....................................49

Das erwartet Sie in diesem Buch

In der Kindererziehung gibt es viele Stellschrauben, auf die man aufpassen muss. Es werden Weichen für das ganze Leben gestellt. Gerade auch durch diese Verantwortung ist es eine nicht immer einfache Aufgabe, ein Kind zu erziehen. Eltern wissen, die Trotzphase ist anstrengend, aber auch wichtig.

Wenn das Kind in einem Entwicklungsschub steckt, kann das alle Nerven kosten. Aber auch hier weiß man, das ist wichtig und es geht wieder vorbei. Was aber, wenn das Kind immer sehr sensibel und mit vielen Emotionen auf Dinge reagiert, seine Gefühle vielleicht noch weniger unter Kontrolle hat als ein anderes Kind? Die Umwelt beurteilt meist unser gesamtes Verhalten und das oft nach nur wenigen Minuten und Eindrücken. Das Kind ist „zu schüchtern" oder „zu aufgedreht", könnte es bei einem hochsensiblen Kind heißen. Unter Umständen bekommt es schon von Kindestagen an gespiegelt, dass es so nicht in Ordnung ist, wie es ist, dass seine Persönlichkeit so nicht in Ordnung ist. Wie soll es also eine Persönlichkeit mit gesundem Selbstwertgefühl und der Akzeptanz des eigenen Selbst entwickeln?

Hier können Sie als Eltern nicht nur als Brücke zwischen der Gesellschaft und Ihrem Kind fungieren, sondern Ihrem Kind auch eine Basis an Urvertrauen und Selbstwertgefühl geben.

Um also eine gute Grundlage für Ihr Kind schaffen zu können, gibt es in diesem Buch ein paar Tipps und Tricks für Unterstützungsmöglichkeiten und Krisenprävention. Um grundlegend das Verständnis zwischen Eltern und Kind in beide Richtungen zu stärken, werden die theoretischen Hintergründe aufbereitet. So können Sie besser verstehen, was in Ihrem Kind vorgeht, dies aber auch Ihrem Kind erklären, damit es sich selbst und auch Sie versteht.

Außerdem soll auch das Potenzial der Hochsensibilität dargestellt werden, denn an Emotionen ist erst einmal nichts falsch und man kann durchaus Wege finden, dieses Potenzial zu nutzen.

MAREIKE WALDECKER

Was bedeutet Hochsensibilität?

FACHLICHE KRITERIEN EINER HOCHSENSIBILITÄT UND AKTU- ELLE FORSCHUNGSERGEBNISSE

Menschen mit einer Hochsensibilität neh- men mehr Reize wahr als normal-sensible Menschen, was auch bei Untersuchungen der Gehirnareale sichtbar wird. Durch diese über- durchschnittlich vielen oder intensiveren Reize kön- nen sie sich schnell überfordert fühlen. Sie fühlen sich gelegentlich den Reizen ausgeliefert und hilflos in der Situation. In der Bevölkerung sind 15 bis 20 % davon betroffen, es ist also weiterverbreitet, als man denkt.

Wir alle nehmen Reize auf und haben auch indivi-
duelle Arten unserer Wahrnehmung. Während sich
normal-sensiblen Menschen jedoch teilweise noch
recht unbeeindruckt von einem gewissen Grad an Reizen zeigen, kann die Grenze zur Überreizung für einen
hochsensiblen Menschen bereits erreicht oder gar
überschritten sein. Die Psychotherapeutin Dr. Elaine
Aron hat 1996 den Begriff „Highly Sensitive Person"
(HSP) geprägt. Sie hat bereits früh damit angefangen,
Ratgeberin für hochsensible Menschen zu sein und auf
diesem Gebiet auch zu forschen.

Eine Hochsensibilität äußert sich nicht bei allen
Betroffenen gleich. Da sie nur eine Eigenschaft unserer
Persönlichkeit ist, bleiben die Betroffenen Individuen.
Nur, weil sie Merkmalsträger sind, definiert es nicht
ihren gesamten Charakter und ihre Persönlichkeit.

Grundsätzlich kann man die Unterschiede in Spüren, Fühlen und Denken einteilen, wobei aber viele in
mehreren Bereichen sensibel sind.

Sensorisch sensible Menschen reagieren besonders auf Geräusche, Gerüche, Licht oder Farben.
Bei diesen Menschen sind die Sinne ausgeprägt. Oft ergeben sich dadurch auch Begabungen in kreativen Bereichen. Durch die vielen Sinneseindrücke im Alltag
fühlen sie sich gegebenenfalls von diesen Eindrücken

schneller überlastet oder sind zum Beispiel besonders lärmempfindlich.

Emotional sensible Menschen dagegen haben meist ihren Fokayus besonders auf den zwischenmenschlichen Dingen. Sie sind besonders mitfühlend und hilfsbereit. Auch ihre Herausforderung ist, sich nicht überfordert zu fühlen, von dem, was sie auf der emotionalen Ebene wahrnehmen. Oft sind die Schwingungen und die zwischenmenschlichen Wahrnehmungen für sie extremer und wichtiger als die gesprochenen Worte.

Kognitiv sensible Menschen haben das Bedürfnis, Sachverhalte in Richtig und Falsch einzuteilen und denken in komplexen Zusammenhängen. Ihre Begabungen liegen oft in wissenschaftlichen oder technischen Bereichen. Probleme könnte es geben, wenn das komplexe Denken die Kommunikation in ihrem Alltag behindert.

Die Mehrzahl der Menschen mit einer Hochsensibilität leben eher etwas in sich zurückgezogen, sind introvertiert. Das heißt jedoch nicht, dass sie keine Kontakte zu anderen Menschen haben möchten. Oft sind sie genauso in Freundeskreise integriert wie Menschen ohne eine Hochsensibilität. Gleichzeitig gibt es aber auch Hochsensible, die eher extrovertiert sind.

Diesen Menschen ist oft noch nicht bewusst, dass sie hochsensibel sind. Deshalb leiden sie öfter an einer Überforderung, die sie sich nicht erklären können.

Wichtig ist, dass man weiß und verinnerlicht, dass Hochsensibilität keine Krankheit oder Störung ist. Sie wird mittlerweile als Anlage gesehen wie auch die Körpergröße oder die Augenfarbe. Hochsensible müssen lediglich in ihrem Alltag aufpassen, dass sie nicht in eine Überforderung gelangen, da ihnen das schneller passieren kann. Die Forscherin Dr. Elaine Aron hat allerdings herausgefunden, dass Menschen mit einer Hochsensibilität häufiger von einer psychischen Störung betroffen sind. Das heißt, sie müssen sehr viel achtsamer mit sich und ihren Emotionen im Alltag sein, um dem bestmöglich vorzubeugen.

BESONDERHEITEN BEI KINDERN

Für Kinder sind erst einmal alle Reize neu und damit auch herausfordernd. Ein normal-sensibles Kind lernt jedoch schnell, damit umzugehen. Ein hochsensibles Kind braucht hierfür länger und kann sich von den Reizen schneller überfordert fühlen. Sie nehmen diese Reize aber auch differenzierter wahr. Sie nehmen also mehr auf, auch eher unwichtigere Informationen.

Weil das Kind so viele Reize aufnimmt, muss es eine viel anstrengendere Auswertung durchführen.

Komischerweise ist die Hochsensibilität bei Erwachsenen gesellschaftlich akzeptierter als bei Kindern. Bei Erwachsenen zum Beispiel gilt es als gewissenhaft und verantwortungsvoll, wenn man länger über seine Antworten nachdenkt. Bei Kindern, beispielsweise in der Schule, wird das sofort negativ bewertet. Das Kind hat nicht gelernt, ist weniger intelligent oder leistungsfähig, ist eine häufige Schlussfolgerung. Dabei braucht es vielleicht aufgrund seiner Hochsensibilität etwas mehr Bedenkzeit, weil es sehr viel mehr Reize aufnehmen und verarbeiten muss als ein normal-sensibles Kind. Wenn Erwachsene zurückhaltender im Kontakt mit neuen Menschen sind, gelten sie als bedacht und überlegt. Kinder dagegen gelten als zu schüchtern oder ihnen werden soziale Ängste zugeschrieben. Bei Kindern ist die Gesellschaft gnadenlos, sie werden sehr streng beurteilt. Bei Erwachsenen erkennen wir die Individualität und Diversität der Menschen an und fordern Toleranz gegenüber Minderheiten. Kindern dagegen wollen wir unsere eigene, für uns passende, Art einreden. Weil Kinder ihre Emotionen noch nicht so gut „kontrollieren" können, gelten sie als „anstrengend" oder „Heulsuse". Bei

Erwachsenen fänden wir solche Bewertungen übergriffig und respektlos. Doch ist es das bei unseren Kindern nicht auch?

Kinder mit einer Hochsensibilität, die in einem Umfeld beurteilt werden, das nicht sensibel auf Hochsensibilität ist, werden oft als zu schüchtern gesehen. In Situationen der Überforderung gelten sie aber gleichzeitig als unbeherrscht in den Emotionen. Diese Einschätzungen spiegeln aber eigentlich nicht die Persönlichkeit oder die Merkmale der Hochsensibilität wider, sondern sind nur Auswirkungen vom falschen Umgang mit ihnen. Sie fühlen sich von ihrem Umfeld oft falsch oder gar nicht verstanden. Sie sehen sich deshalb auch oft als Einzelkämpfer. Kinder haben selbst noch keinen wirklichen Einfluss auf ihr Leben, sie sind fremdbestimmt. Wenn ein Erwachsener sich in der Arbeit oder seiner Freizeit aufgrund zu vieler Reize und Eindrücke überfordert fühlt, kann er diese Umstände erläutern und sich eine Auszeit nehmen, indem er den Raum verlässt. Ein Kind kann nicht einfach das Klassenzimmer verlassen, das würde als ungehorsam gesehen werden. Ebenso haben Kinder bei Veränderungen keinen Einfluss, wenn wir Erwachsene sie nicht beeinflussen lassen. Beziehen Sie also Ihre Kinder altersgemäß ein. In der Kindheit können wir die so wichtigen

Eigenschaften noch viel leichter beeinflussen. Wir können den Grundstein legen, dass Emotionen kein Tabuthema sind und unsere Kinder sich selbst akzeptieren und lieben lernen.

WORAN ERKENNE ICH, DASS MEIN KIND HOCHSENSIBEL IST?

Generell muss man natürlich sagen, dass es allgemein häufig vorkommende Eigenschaften bei einer Hochsensibilität gibt, jedoch heißt das nicht, dass jedes Kind oder jeder Erwachsene alle oder die gleichen Eigenschaften zeigt. Letztendlich sind es trotzdem eigenständige Menschen mit einer eigenen Persönlichkeit. Man darf sie nicht verallgemeinern und sie nur über diese Eigenschaft definieren.

Die Hochsensibilität kann sich bei Kindern besonders in den Sinneserfahrungen zeigen. Sie sind also gegebenenfalls empfindsamer in ihrem Spürsinn, Gleichgewichtssinn, Sehsinn, Gehörsinn, Geschmackssinn und/oder dem Geruchssinn. Fallen Ihnen also besonders viele Beispiele bei Ihrem Kind auf, kann es auf eine Hochsensibilität hinweisen.

Beispiele für empfindsame Auffälligkeiten:

Spürsinn: sensibel bei bestimmten Materialien, Berührungen anderer, schmutzige Hände und Gesicht, starken Temperaturschwankungen

Gleichgewicht: sensibel bei schnellen Bewegungen, Aktivitäten mit fehlendem Bodenkontakt; Vermeidung der Bauchlage als Baby; Auslassen von Krabbeln und Robben; Ängstlichkeit bei Bewegung

Sehsinn, Gehörsinn: sensibel auf Geräusche und Bewegungen bereits im Säuglingsalter; Überforderung beim Fernsehen; Ablenkung durch Lärm und bunte Farben; gute Wahrnehmung sehr leiser Geräusche

Geschmacks- und Geruchssinn: sensibel bei intensiven Gerüchen und Geschmäckern, Temperatur des Essens, Kohlensäure, breiige Konsistenz; „Picky Eater"

Auffällige Verhaltensweise wären auch, wenn Ihr Kind keine Veränderungen mag und sich auch immer für die gleichen Spielsachen interessiert. Damit ist ein überdurchschnittliches Maß gemeint, heißt, es lässt sich auch nicht von etwas Neuem begeistern oder damit ablenken. Nicht nur in Bezug auf neue Dinge kommt es oft zu Angst. Spielt Ihr Kind oft allein, fühlt sich in Gruppen eher unsicher und reagiert mit Weinen oder Aggression? Auch das können Anzeichen sein. Die Hochsensibilität hat aber auch besonders viele großartige Eigenschaften, wie die Reflexionsfähigkeit, Empathie, Gewissenhaftigkeit und viele mehr.

Die besondere Empfindsamkeit betrifft oft nicht nur die Gefühlswelt, sondern oft auch den Körper. Er kann sensibler auf Berührungen reagieren und hat nach aktuellen Forschungen auch eine erhöhte Wahrscheinlichkeit für Allergien.

Dass jemand hochsensibel ist, muss man nicht auch direkt merken, es gibt Betroffene, deren Gefühlswelt im Inneren zwar besonders stark ausgeprägt ist, die jedoch nach außen einen sehr introvertierten Eindruck machen.

Sollten Sie eine Hochsensibilität bei Ihrem Kind vermuten, gibt es mittlerweile diverse Onlinetests, die von Wissenschaftler*innen erstellt wurden. Hier muss allerdings immer aufgepasst werden, da es sich natürlich um eine Selbstdiagnostik handelt. Da es keine Krankheit oder Störung ist, ist es grundsätzlich nicht gefährlich, solche Tests durchzuführen. Allerdings haben psychische Störungen etc. teilweise ähnliche Symptome und gehen dann vielleicht unter. Deshalb ist es sinnvoll, im Verdachtsfall eine*n Therapeut*in aufzusuchen. Im Hinterkopf sollte man hierbei ebenfalls haben, dass grundsätzlich keine Untersuchung notwendig ist, wenn kein Leidensdruck besteht.

POSITIVE ASPEKTE DER HOCHSENSIBILITÄT – ALLES EINE FRAGE DES BLICKWINKELS?

Durch die wissenschaftliche Erkenntnis, dass die Hochsensibilität keine Krankheit oder Störung ist, lassen sich die positiven Aspekte nun etwas leichter beleuchten. Die Merkmale einer Hochsensibilität sind unter anderem hohe Empathie-Fähigkeit, die eigene Reflexionsfähigkeit oder die Gewissenhaftigkeit bzw. der Anspruch an die eigene Person. Wenn man sich diese Merkmale anschaut und nicht im Zusammenhang mit einer Hochsensibilität davon spricht, dann würde man nicht von negativen Eigenschaften ausgehen. Und das ist auch genau das, worum es hier geht.

Ein hochsensibler Mensch, ob Kind oder Erwachsener, besitzen oft diese großartigen Eigenschaften und noch viele mehr, die wir bzw. unsere Gesellschaft sie sogar als positiv einordnen würde. Natürlich sind sie bei hochsensiblen Menschen oft stärker ausgeprägt und das macht es insbesondere für die Betroffenen manchmal überfordernd, dennoch können diese

Eigenschaften auch als Potenzial und als positiv angesehen werden. Nur, weil etwas oder jemand von der
„Norm" abweicht, muss das nicht schlecht sein. Für
den Betroffenen kann der Alltag schwer sein, aber mit
Übung und vor allem einer Veränderung des Blickwinkels, kann man das als unfassbare Chance sehen.
Wichtig ist vor allem, dass man ihm nicht begegnet mit
dem Gedanken, er sei krank. Sie wollen im Grundsatz
genauso behandelt werden wie alle anderen Menschen
auch und vor allem nicht mit einem mitleidigen Blick
angesehen oder nicht ernst genommen werden.

Da Menschen mit einer Hochsensibilität oft über
eine sehr gute Reflexionsfähigkeit verfügen, können
sie ihr Denken und Handeln nicht nur gut einschätzen,
sondern auch beeinflussen. Und genau daraus kann
eine besondere Stärke entstehen. Viele Menschen beschäftigen sich für diese besondere Stärke jahrelang
mit Persönlichkeitsentwicklung und tun sich trotzdem
noch schwer damit.

Wichtig bei diesen Potenzialen ist allerdings, dass
kein innerer Leistungsdruck entsteht. Wichtig ist immer, so wie es in diesem Moment ist, ist es gut. Die
Reflexionsfähigkeit ermöglicht eine gute und realistische Einschätzung der eigenen Persönlichkeit und dem
Tun, deshalb sollte man nicht übermäßig selbstkritisch

sein. Darauf zu vertrauen, dass man das richtig einschätzen kann, ist wichtig, um langfristig zufrieden mit sich zu sein, sich zu akzeptieren, wie man ist. Und dazu gehört auch, dass nicht jeder Tag wie der andere ist und das ist auch in Ordnung so.

Vergleiche mit anderen Kindern erhöhen den Druck, sich anpassen zu müssen und das Gefühl, nicht gut genug zu sein. Versuchen Sie deshalb, Ihrem Kind das Gefühl zu geben, dass es immer in Ordnung ist, so zu sein, wie es ist. Auch, wenn Sie das für selbstverständlich halten, rückt das in unserem viel beschäftigten Alltag oft in den Hintergrund. Und besonders hochsensible Kinder spüren das und haben hier ein erhöhtes Bedürfnis.

MAREIKE WALDECKER

Was braucht mein Kind von mir?

BEDINGUNGSLOSE LIEBE UND KOMMUNIKATION ALS GRUNDLAGE

Was bedeutet bedingungslose Liebe?

Die Liebe der Eltern darf an keine Bedingungen gebunden sein, sie muss bedingungslos sein. Sie nährt unseren gesamten Lebensweg. Sie kann über unsere zukünftigen Beziehungen entscheiden, aber auch schon ein geeignetes Lernumfeld im Baby- und Kleinkindalter schaffen.

Letztendlich wollen wir uns darauf verlassen, dass unsere Eltern immer da sind, wenn wir sie brauchen.

Im Prinzip wie unsere Basis, zu der wir immer wieder zurückkommen können, in einen wertfreien Raum.

Grundsätzlich braucht Ihr Kind erst mal hauptsächlich Sie als Eltern. Indem Sie nur da sind, machen Sie bereits sehr viel richtig. Wichtig ist hier Qualität statt Quantität. Seien Sie nicht nur körperlich anwesend, sondern auch gedanklich und vor allem mit dem Herzen. Ihr Baby oder Kind spürt es, wenn es nicht so ist. Ausgegangen davon, dass alle Eltern ihr Kind lieben und das Beste für sie/ihn möchten, ist die Grundhaltung der primären Bezugsperson entscheidend. Sie senden Botschaften an Ihr Kind, egal, ob Sie das wollen oder nicht, egal ob Sie es aussprechen oder nicht. Kinder merken sehr früh, ob die Liebe und Akzeptanz an Bedingungen geknüpft ist oder wir sie bedingungslos akzeptieren. Sätze wie „Wenn du brav bist ..." oder „Wenn du lieb bist ..." suggerieren eine nicht bedingungslose Liebe, sondern, dass das Kind sich adäquat verhalten muss, um Ihre Anerkennung zu bekommen.

Ein hochsensibles Kind hat oft das Gefühl, nicht in Ordnung zu sein und anders als alle anderen zu sein. Sie als Eltern sollten versuchen, dem entgegenzuwirken. Es sollte spüren, dass egal, was passiert oder wie es sich fühlt, die Eltern immer da sind und sie nicht verurteilen. Besonders ein hochsensibles Kind spürt, wenn Sie sich wünschen, es wäre anders, auch wenn Sie es nicht aussprechen. Die Basis für das spätere Vertrauen können Sie bereits im Säuglings- und Kleinkindalter schaffen.

Wichtig an dieser Stelle zu sagen ist, dass diese bedingungslose Liebe und Akzeptanz nichts mit Verwöhnen oder fehlender Konsequenz zu tun haben.

Sprechen Sie mit Ihrem Kind und hören Sie ihm zu. Über eine offene Kommunikation können Sie von Ihrem Kind bereits viel erfahren, was es braucht. Behandeln Sie es jedoch wie ein Kind, muten Sie ihm nur Entscheidungen zu, die es nicht überfordern. Seien Sie da, wenn es Sie braucht, und nehmen Sie es ernst. Wenn es in einer Krisensituation Sie als Eltern braucht, seien Sie da.

Nehmen Sie die Emotionen wahr und ernst, versuchen Sie, nicht zu beruhigen, sondern zu trösten. Beruhigen schafft den Eindruck, die Gefühle sollen schnell wieder weggehen und „So schlimm ist es nicht ..." oder „Da muss man keine Angst haben ...". Trösten dagegen meint, einfach da zu sein und die Emotionen aufzufangen „Ich bin da, es ist okay, dass du traurig bist. Du bist nicht allein ...".

Der Grundbaustein sollte eine vertrauensvolle Beziehung zwischen Ihnen und Ihrem Kind sein. Das ist nicht immer einfach und als Eltern bekommt man oft wenig Feedback und Anerkennung. Ein normal-sensibles Kind lässt sich meist durch die Eltern beruhigen und somit erfahren sie, dass sie ihre Sache gut machen und werden sicherer. Ein hochsensibles Kind lässt sich oft nicht so einfach beruhigen und somit fehlt Ihnen auch die Bestätigung, dass Sie das Richtige tun. Diese Unsicherheit trägt meist auch zu einer schlechteren Beziehung zu Ihrem Kind bei. Seien Sie also selbstsicher, in dem, was Sie tun. Hören Sie auf Ihr Bauchgefühl.

Ein hochsensibles Kind wird anfangs besonders viel Aufmerksamkeit und Zuspruch brauchen. Leben Sie aber mit der Veranlagung „Hochsensibilität" und lassen Sie es einfach in Ihrem Leben sein, dann können nicht nur Sie, sondern auch Ihr Kind das besondere Potenzial erkennen. Nehmen Sie die besonderen Bedürfnisse wahr und an und investieren Sie damit in die Zukunft.

Seien Sie sensibel für die Bedürfnisse Ihres Kindes, aber auch für Ihre eigenen. Ihrem Kind tun viel Körpernähe, Geborgenheit und Ruhe gut, das beruhigt. Der Alltag kann sehr kräftezehrend und anstrengend sein, für Ihr Kind, aber auch für Sie. Nehmen Sie sich Pausen, damit Sie Ihren Energietank wieder aufladen können. Und wenn das heißt, dass der Haushalt während des Mittagsschlafs liegen bleibt, dann ist das so. Und das ist in Ordnung. Setzen Sie die für sich richtigen Prioritäten. Ihrem Kind und Ihnen bringt es nichts, wenn Sie ausgelaugt und kraftlos sind.

Denken Sie immer daran, Sie kennen Ihr Kind am besten. Hören Sie auf Ihre Intuition, auf Ihr Bauchgefühl. Ein Ratgeber ist immer nur ein Medium, um Ihnen Anregungen zu geben. Umsetzen müssen Sie die Dinge auf Ihre Weise, denn Ihr Kind wird auch merken, wenn Sie nicht authentisch sind, und für Sie ist das Ganze dann noch anstrengender. Und sollten Sie tatsächlich mal das Gefühl haben, fachkundigen Rat zu brauchen, scheuen Sie sich nicht, um Unterstützung zu fragen.

Wie gelingt verständnisvolle Kommunikation?

In der Kommunikation liegt oft der Schlüssel für viele Dinge. Wir müssen uns fragen, wie wir mit unseren Kindern sprechen und umgehen möchten. Machen Sie sich Gedanken darüber, was Schimpfen und Schreien in Ihnen auslöst und was das dann in einem kleinen Kind auslösen muss, dass von seiner Bezugsperson angeschrien wird.

Wissenschaftler*innen haben auch herausgefunden, dass wir unsere Kinder durch Schreien und

Schimpfen nicht zu einer Verhaltensänderung bringen, zumindest nicht nachhaltig. Teilweise wird es auch schon als Form psychischer Gewalt angesehen. Außerdem wünschen wir uns für unsere Kinder, dass sie eine selbstbewusste und charakterstarke Persönlichkeit werden. Wie wünschen Sie sich, dass mit Ihnen gesprochen und umgegangen wird? Das können Sie sich immer wieder fragen.

In der Kommunikation fällt immer wieder der Begriff des aktiven Zuhörens. Auch durch das aktive Zuhören signalisieren Sie „Ich verstehe dich und nehme mir aktiv die Zeit, jetzt bei dir zu sein ...". Das geht auch in einer Krisensituation, also wenn Ihr Kind verzweifelt weint. Versuchen Sie, es anzunehmen und erst einmal auszuhalten. Das zeigt, diese Gefühle sind in Ordnung. Was damit nicht gemeint ist, dass Sie sich vor das Kind setzen und zusehen, wie es weint. Es geht darum, dass Sie es erst einmal zulassen und nicht direkt beruhigen und eine Lösung finden wollen. Lesen Sie auch noch mal im vorherigen Kapitel den Unterschied zwischen Beruhigen und Trösten, denn das Kind weiß vielleicht gerade gar nicht, was los ist, und kann Ihnen dann auch keine Antwort geben. Spiegeln Sie das, was Sie wahrnehmen „Du scheinst traurig zu sein, oder?", oder „Du bist gerade ganz schön wütend, oder?" Das Kind wird Ihnen zu verstehen geben, ob Sie richtig liegen. Äußern Sie Ihre Vermutung, auch wenn Sie sich nicht sicher sind. So weiß Ihr Kind, dass Sie sich Gedanken machen. Wenn es einer Lösung bedarf, kann nach kurzer Zeit eine gesucht werden. Manchmal reicht es aber auch, wenn das Kind die Emotionen loswerden kann und die Bezugsperson es einfach auffängt und versteht. Über aktives Zuhören gibt es wahnsinnig viel Fachliteratur, die einfach zugänglich ist. Es lohnt sich, sich weiter einzulesen. Ebenfalls hilfreich kann die Anwendung der gewaltfreien Kommunikation sein. Sie bedarf etwas Übung, aber auch schon Teile davon können unterstützen. Informieren Sie sich gern darüber im Internet oder weitergehend in einer Beratungsstelle. Sie können damit lernen, Bedürfnisse und Ängste besser zu erkennen und diese anzunehmen. Auch im Internet findet man dazu sehr viele Übungen und Erklärungen.

Das Kind weint und schreit jetzt also und Sie sind sauer und gestresst, weil es etwas angestellt hat. Wie reagieren Sie?

Nehmen Sie die Wut und Trauer an und signalisieren Sie das. „Ich merke, du ärgerst dich gerade oder bist traurig ...". Sie können trotzdem trösten. Aber erklären Sie dann in Form einer Ich-Botschaft, was Sie verärgert hat „Ich habe mich geärgert, weil wir eine Vereinbarung getroffen haben und du sie nicht eingehalten hast ...". Das ist ein Unterschied zu „Du hast schon wieder nicht ... gemacht ...".

Das funktioniert so allerdings nur, wenn das Kind sich in einem ansprechbaren Zustand befindet. Ist die Situation bereits derartig eskaliert, dass Ihr Kind versucht, Macht auszuüben oder Ähnliches (schlagen, beleidigen etc.) braucht es eindeutige Grenzen. Es kann eine Konsequenz folgen, allerdings darf diese niemals aus Liebes- oder Aufmerksamkeitsentzug bestehen. Das widerspricht der bedingungslosen Liebe. Die Konsequenz sollte mit Bedacht gewählt sein und nicht die Gefahr mit sich bringen, ein hochsensibles Kind zu traumatisieren. Dr. Elaine Aron erklärt in ihrem Buch „Das hochsensible Kind", dass vor allem sensiblere Kinder besser auf positive Formulierungen reagieren als auf Strafen oder Drohungen. Sie bringt als Beispiel „Wenn du jetzt nicht sofort ins Bett gehst, gibt es keine Gute-Nacht-Geschichte mehr!" so umzuformulieren: „Wenn du jetzt kommst, haben wir noch Zeit für eine Geschichte!". Wendet man das nicht nur in diesem Bezug an, kann ein harmonischeres Familienleben ohne Drohungen und mit wenig Strafen entstehen. Auch hier sieht man, dass die richtige Kommunikation der Schlüssel sein kann.

Versuchen Sie, Ihrem Kind zu erklären, was in ihm vorgeht und warum es ihm eventuell auch schwerer fällt, Kontakt zu anderen Kindern aufzunehmen. Die Kinder spüren, dass sie anders sind, und können nicht verstehen, warum andere Kinder sich mit ihren Herausforderungen so leichttun. Im Kleinkinderalter können Sie als Brücke zwischen Ihrem Kind und anderen Kindern fungieren. Stellen Sie eine Verbindung her, um diese große Hemmschwelle etwas kleiner zu machen, denn diese Interaktion mit Gleichaltrigen ist enorm wichtig und wertvoll. Die Integration in eine Gruppe von Gleichaltrigen schafft ebenso Akzeptanz wie ein Zugehörigkeitsgefühl.

Im Kindergarten oder in der Schule ist wohl das Wichtigste, die ersten Erfahrungen ohne die Eltern zu machen. Auch, wenn es besonders für die Eltern schwer ist, loszulassen, ist es wesentlich, die Kinder selbstständig Erfahrungen machen zu lassen und vielfältige Fähigkeiten entwickeln zu können. Wenn es um neue, ungewohnte Situationen geht, bereiten Sie Ihr Kind gut vor. Erklären Sie das, was Sie darüber wissen, oder recherchieren Sie gemeinsam. Gehen Sie leichte mögliche Szenarien durch, was passieren könnte (keine schlimmen Szenarien!). Vielleicht können Sie die neue Schule bereits vorab von außen bei einem Spaziergang begutachten und überlegen, ob ein*e Freund*in aus dem Kindergarten mit in die Klasse kommt. Seien Sie da, fangen Sie die Emotionen auf und thematisieren Sie sie. Gleichzeitig können Sie gemeinsam überlegen, welche neue Situationen Ihr Kind schon gemeistert hat. Tritt eine neue Situation ein, ist es gut, wenn alle anderen Rituale und Strukturen unverändert bleiben und sich nur diese eine Situation ändert, um eine mögliche Überforderung zu verhindern.

Generell ist es sinnvoll, Ihr Kind in seinem freiheitlichen und kreativen Denken zu bestärken. Lassen Sie sich Vorschläge machen, worauf Ihr Kind Lust hat. So können Sie gemeinsam üben, neue Situationen nicht mehr so angsteinflößend zu machen. Am besten ist es, die Ideen kommen von Ihrem Kind umzusetzen, und Sie unterstützen bei der Umsetzung und im Prozess. Das wird erst nach und nach kommen, aber der Weg ist das Ziel. Bleiben Sie immer im Kontakt.

MAREIKE WALDECKER

DIE MISCHUNG MACHT'S – WARUM EINE STABILE TAGESSTRUKTUR WICHTIG IST, ALLERDINGS NICHT IMMER RICHTIG

Der Grat zwischen Regeln, fester Tagesstruktur und Selbstbestimmtheit des Kindes ist oft recht schmal. Für beide Seiten gibt es jede Menge Vorteile. Deshalb scheint es auch auf den ersten Blick so, als ob sie sich gegenseitig ausschließen. Doch man kann sie miteinander verbinden oder einfach eine gute Mischung finden.

Strukturen sind für alle Kinder wichtig. Feste Regeln und eine Tagesstruktur bieten dem Kind eine wohlige Sicherheit. Es weiß genau, was kommt, und braucht keine Angst vor Ungewissem zu haben. Es bietet ihnen Raum, um sich auszuprobieren, sich zu finden. Für hochsensible Kinder ist diese Sicherheit noch wichtiger. Vieles führt im Alltag zu Überforderung und Überreizung, sie müssen sich immer wieder auf Neues einstellen und nehmen immer sehr viel mehr Reize wahr als ein normal-sensibles Kind.

Ein geregelter Tagesablauf, den es meist sowieso durch Arbeit und Kita etc. gibt, ist die halbe Miete.

Dazu können regelmäßige Rituale und gemeinsam aufgestellte Regeln eine schöne Ergänzung sein. Geben Sie Ihrem Kind eigene Aufgaben, die altersentsprechend passen und es nicht überfordern. Sie fördern damit das Selbstbewusstsein enorm. Sie können es zu seiner/ihrer Aufgabe machen und die Verantwortung übertragen.

Wichtig ist trotz des geregelten Tagesablaufs und der Regeln, genug Freiräume für Individualität und Rückzug für jeden zu schaffen.

Am besten ist es wohl, gemeinsam einen Tagesplan für den Alltag zu erstellen, bei dem jeder seine Bedürfnisse und Wünsche äußern darf. Zusammen als Familie kann dann entschieden werden, wie welche Wünsche eingebracht werden können und sich der Tagesablauf gestaltet. Alle haben dann auch das Gefühl, sie können mitbestimmen und erfahren ein gewisses Maß an Selbstwirksamkeit. Sie erkennen also, dass man ihnen zuhört, wenn sie ihre Wünsche äußern, und dass diese auch wichtig sind. Sie können mit dem Aussprechen ihrer Bedürfnisse ihre Situation beeinflussen.

Vor allem am Wochenende sollte nicht alles durchgeplant sein. Besonders hier sollten auch genug Zeiten zur familiären Ruhe und für jedes Familienmitglied an sich vorkommen. Sind besondere Dinge geplant wie Ausflüge, Treffen mit anderen Familien etc., versuchen Sie, auf gleiche Essens- und Ruhezeiten zu achten. Auch diese Tage können gemeinsam geplant werden. Eventuelle Herausforderungen zu thematisieren kann ebenfalls helfen, sich darauf einzustellen. Allerdings sollte man dann darauf achten, keine Horrorszenarien darzustellen, sondern gleich die vielleicht bevorstehenden Emotionen ansprechen und den Umgang damit überlegen.

Merken Sie im Alltag, dass Sie doch einen Programmpunkt zu viel geplant haben, und Ihr Kind ist damit überfordert, überlegen Sie, ob es die Situation zulässt, den Punkt durch Entspannung zu ersetzen. Das kann auch an einem normalen Tag sein und ein ganz normaler regelmäßiger Punkt auf Ihrem Plan. Doch jeder Tag ist anders und wir fühlen uns alle nicht immer gleich. Versuchen Sie, situativ zu handeln, wenn es geht.

DER ÜBERREIZUNG VORBEUGEN UND RÄUME ZUR ENTSPANNUNG SCHAFFEN

Menschen mit einer Hochsensibilität erleben ihre Emotionen, ihr gesamtes Gefühlsleben, besonders stark. Das kann sehr anstrengend sein. Emotionen begleiten uns durch unseren gesamten Alltag. Jede Aktion ist mit einer Emotion verknüpft oder löst diese aus. Das kann an einem Tag gut aushaltbar sein und an einem anderen Tag ist das ein Grund für eine Überreizung, eine Überforderung.

Insbesondere Kinder lernen jeden Tag etwas Neues dazu. Das allein kann anstrengend sein. Kommen dazu noch viele Reize mit extremen Emotionen, kann das noch schneller zu einer Überforderung führen. Wir alle fühlen uns manchmal überfordert oder von unseren Gefühlen überrollt. Hochsensible Menschen empfinden diesen Zustand jedoch sehr viel früher. Im Tagesablauf sollten deshalb Zeiten eingeplant werden, die zur Entspannung und Ruhe genutzt werden können.

Weil wir die Situationen der Überreizung nicht immer beeinflussen können, ist es wichtig, sich mit dem Umgang von emotionaler Anspannung in ruhigen

Momenten zu beschäftigen und gemeinsam Strategien zu entwickeln. Strategien, die zur Entspannung dienen, um einer solchen Überreizung vorzubeugen. Sie müssen ausprobiert und trainiert werden, es ist sehr wahrscheinlich, dass sie beim ersten Mal nicht funktionieren.

Erarbeiten Sie diese Strategien gemeinsam und spielerisch. Bei kleineren Kindern kann zum Beispiel eine kleine Höhle gebaut werden, die allein dem Kind zum Rückzug gehört. Außerdem können Fantasiereisen zur Entspannung beitragen.

Wie erkenne ich aber überhaupt eine Übererregung? Die Grenze ist meist fließend und nicht immer klar erkennbar und sie kann jeden Tag anders sein. Reagiert Ihr Kind nicht mehr auf Sie, weicht es Ihren Blicken aus? Haben Sie das Gefühl, die Reaktionen passen gerade nicht in die Situation wie schreien, weinen, beißen etc.? Weitere Anzeichen können physischer Natur sein, zum Beispiel Zittern am ganzen Körper, Schwitzen oder Schwindel. In Ihrem Kind kann gerade eine Flut an Gedanken und extremen Emotionen vorgehen. Versuchen Sie in diesem Fall, Ihr Kind aus der Situation zu nehmen und ihm Sicherheit durch Körpernähe zu geben, wenn es das zulässt. Zeigen Sie, dass Sie da sind, dass es nicht allein da durch muss. Sprechen Sie langsam und in einem beruhigenden Ton. Nehmen Sie wahr, ob Sprechen in diesem Moment überhaupt bei Ihrem Kind ankommt, sonst halten Sie es einfach. Beruhigend wirken hier auch Räume mit gedämpftem Licht oder die Natur. Mit Emotionen umzugehen, muss das Kind erst lernen und mit so extremen Gefühlen erst recht. Das Kind fühlt sich ohnmächtig und den Gefühlen ausgeliefert. Geben Sie ihm immer das Gefühl, dass Sie es verstehen. Das vermittelt Wertschätzung.

Wenn Sie öfter das Gefühl haben, sich in diesen Situationen ohnmächtig zu fühlen, ist das ein Zeichen, dass Sie sich Unterstützung suchen sollten. Sie müssen sich nicht quälen, man darf sich das Leben leichter machen. Und das Kind merkt, wenn die Eltern überfordert sind.

Zur Vorbeugung dieser Überforderung beachten Sie die Warnzeichen der Übererregung. Sie kennen Ihr Kind, Sie können Veränderungen am besten wahrnehmen.

Legen Sie ebenfalls Wert auf Achtsamkeit und Qualität in der Ernährung. Der Blutzuckerspiegel sollte konstant bleiben, was vor allem in einer vollwertigen, gesunden Ernährung möglich ist. Vermeiden Sie viel Süßes, besonders abends. Damit Ihr Kind sich gut konzentrieren kann, sollte es frühstücken und die geregelten Mahlzeiten einhalten. Auch extremer Hunger kann zu einer Überforderung führen.

Wenn Sie Ihren Tagesablauf gemeinsam planen, beachten Sie, dass Ihr Kind in einem Medien-freien Raum schläft, möglichst abgedunkelt. Generell sollte der Medienkonsum den Tag über so gering wie möglich gehalten werden. Bei Fernseher, Computer, Radio und vor allem auch dem Handy werden besonders viele Reize angesteuert.

In Ihrem Wohnumfeld kann es auch unterstützen, wenn Sie diesen relativ reizarm gestalten, das heißt, wenig Dekoration und erdige Farbtöne zu benutzen.

Arbeiten Sie regelmäßig daran, die Emotionen und aufkommenden Gedanken zuzulassen und Sie zu thematisieren, damit sie kein Tabuthema werden. Sie sollten keinesfalls der Fokayus des Tages sein, jedoch wahrgenommen werden. Geben Sie Ihrem Kind das Gefühl, es ist in Ordnung, was es fühlt, und sprechen Sie auch über Ihre Gefühle. Bieten Sie ihm immer an, darüber zu sprechen, erzeugen Sie aber keinen Druck.

Um über die Emotionen und Strategien zu sprechen, kann professionelle Unterstützung notwendig sein. Dann ist auch möglich, mit diesen starken Emotionen nachhaltig besser umgehen zu können.

Amerikanische Wissenschaftler haben herausgefunden, dass hochsensible Kinder belastbarer sind und weniger zur Überforderung neigen, wenn sie im Vorfeld Zeit mit einer aufmerksamen Bezugsperson verbracht haben, was an der Ausschüttung von Stresshormonen liegt. Der chemische Botenstoff Cortisol sorgt dafür, dass beispielsweise Sie als Eltern auch in sehr anstrengenden Phasen für Ihr Kind durchhalten können. Vor allem, wenn man an die zahlreichen schlaflosen Nächte denkt, fragt man sich rückblickend manchmal, wie man das geschafft hat. Allerdings ist eine erhöhte Cortisol-Konzentration auf eine längere Zeit gesehen nicht gesund. Der Schlafentzug auf Dauer oder der Blickwinkel, der nicht mehr unsere Bedürfnisse als Eltern im Fokayus hat, sondern nur noch die der Kinder, muss wahrgenommen werden. Hochsensible Menschen erreichen auch diesen Zustand mit den erhöhten Werten deutlich schneller. Den Wert zu senken, geht am besten mit tiefem Schlaf, Waldbaden, Ruhe, Kuscheln oder kreativen Tätigkeiten.

WARUM UM UNTERSTÜTZUNG ZU BITTEN KEINESFALLS SCHWÄCHE ZEIGT

Die Erziehung eines hochsensiblen Kindes ist eine wahnsinnige Herausforderung. Haben Sie das Gefühl, Sie können das nicht allein schaffen? Das müssen Sie auch nicht. Machen Sie sich klar, dass Sie jeden Tag Großartiges leisten! Schämen Sie sich keinesfalls dafür oder haben Sie gar das Gefühl zu versagen, wenn Sie um Unterstützung bitten. Jeder von uns kommt hin und wieder an seine Grenzen, egal, in welchem Zusammenhang. Eigentlich ist es normal, dass wir nicht alles schaffen.

Und in vielen Bereichen ist es auch normal und einfach, um Hilfe zu fragen. Wenn Sie in handwerklichen Dingen nicht weiterkommen, rufen Sie schließlich auch einen Sachkundigen, ohne das Gefühl zu versagen. Und selbst, wenn Sie supergut in Ihrer Erziehung sind, ist es absolut in Ordnung, sich Unterstützung zu holen oder einen Sachkundigen um Rat zu fragen, denn das handwerkliche Beispiel hat einen Vorteil: Es geht nicht um emotional aufgeladene Situationen, in denen ich immer ein Stück von mir selbst geben muss, um etwas zu erreichen. Sehen Sie Ihr Kind als

„besondere Aufgabe" und nicht als Strafe, wenn es etwas schwieriger scheint. Dafür gibt es die Unterstützung schließlich. Wenn nicht viele Eltern Bedarf hierbei hätten, gäbe es keine Beratungsangebote etc.

Für manche Situationen reicht es, wieder etwas Inspiration durch einen Ratgeber zu holen oder durch eine Vertrauensperson etwas Mut. Manchmal reicht das aber nicht aus und dann seien Sie ehrlich zu sich und Ihrem Kind.

Manchmal braucht es nur eine unbeteiligte dritte Person, die nicht emotional vorbelastet ist, um eine kleine Hilfestellung zu geben. Das hat oft gar nichts mit Ihnen oder Ihrer Kompetenz zu tun.

Beginnen Sie mit der Einholung von Unterstützung doch niederschwellig. Überlegen Sie, welche Vertrauensperson Ihnen eine Hilfe sein kann. Onlineforen und Fachliteratur können auch dabei helfen, den ersten Schritt zu gehen und die Hemmschwelle etwas kleiner werden zu lassen. In Onlineforen sollten Sie natürlich vorsichtig sein mit wissenschaftlich nicht fundiertem Wissen, jedoch kann es eine Form von Verbundenheit schaffen und das Gefühl, dass man allein mit dieser Situation ist, wird schwächer. Oft ist auch die Masse an Aufgaben und Verantwortung der Hauptgrund für die Überforderung. Sie wissen nicht mehr, wo Ihnen der

Kopf steht, und können nicht mehr klar denken. Bauen Sie sich also ein privates Netzwerk auf, dass Sie stützen kann. Das können die Großeltern, Freund*innen oder Babysitter*innen sein. Unterstützung und Hilfe einzufordern, bedeutet nicht immer gleich, dass Sie nicht weiterwissen oder einen Rat brauchen. Manchmal ist es auch einfach zu viel und wir brauchen eine Auszeit.

Oft reicht jedoch die niederschwellige, private Unterstützung nicht aus.

Vielerorts gibt es hierfür unverbindliche Beratungsstellen, die sich mit dem Thema auskennen. Auch klassische Eltern- und Erziehungsberatungen sind oft eine gute Anlaufstelle. Für eine längerfristige Unterstützung, vor allem in Bezug auf die psychischen Belastungen, wäre eine therapeutische Begleitung sinnvoll. Die Begleitung kann für Ihr Kind sein, aber auch für Sie. Kinder merken, wenn Ihre Eltern überfordert sind oder aufgrund des Stresses nicht mehr zur Ruhe kommen. Deshalb ergibt es Sinn, sich darum zu kümmern, diese Ruhe und Entspannung wiederherzustellen. Sonst wird es ein Teufelskreis. Das Kind schreit, woraufhin Sie irgendwann gestresst sind und nicht mehr weiterwissen. Den Stress und die Unruhe geben Sie weiter an Ihr Kind und dieses fühlt sich allein und vielleicht noch schuldig, dass Sie seinetwegen gestresst sind. Das heißt, das Kind wird auch nicht ruhiger. In diesen Fällen wäre es auf jeden Fall ratsam, eine unbeteiligte dritte Person hinzuzuziehen. Ergotherapeuten können Ihnen Tipps oder Hilfestellungen zu Aktivitäten oder Förderungsmöglichkeiten geben.

Eine Unterstützung kann auch eine Beratung sein, in der Ihnen Möglichkeiten für eine Unterstützung im Kindergarten oder in der Schule aufgezeigt werden. Tipps, die Sie dann auch in der Betreuungsstätte anbringen können. In Bezug auf die Schule gäbe es zum Beispiel auch die Möglichkeit, in seinem eigenen Tempo zu lernen in einer Montessori- oder Waldorfschule. Informieren Sie sich rechtzeitig über die Möglichkeiten, auch in Bezug auf die Schulwahl. Mit etwas Glück haben Sie auch Eltern im Kindergarten, die bereits Schulkinder haben und somit über etwas Erfahrungsschatz verfügen. Außerdem kann man sich auch hierüber in Internetforen und auf Websites erkundigen.

Für die Wahl einer weiterführenden Schule eignet sich eine Schule mit einem Schwerpunkt, der den Interessen Ihres Kindes entspricht. Das heißt nicht, dass es darin wahnsinnig gefördert werden muss, aber es ist wahrscheinlich, dass es Kinder in der Klasse gibt, die ähnliche Interessenschwerpunkte haben. Das fördert vor allem das soziale Miteinander und den Klassenzusammenhalt. Es ist wichtig, dass ein positives Lernumfeld geschaffen wird und sich Ihr Kind wohlfühlt.

Großartige Projekte und Initiativen sind schnell zu finden. Mittlerweile gibt es Angebote, die sich auf die Individualität der Kinder einlassen. Verbreitet ist zum Beispiel das Projekt „Schule im Aufbruch", das sich zum Ziel die Potenzialentfaltung und die Förderung der angeborenen Begeisterungsfähigkeit von Kindern gemacht hat.

Schulen, die nach der Montessori-Pädagogik arbeiten, gibt es mittlerweile viele und auch weitverbreitet. Es geht hauptsächlich darum, im eigenen Tempo und interessenbedingt zu lernen. Sie fördern vor allem die eigene intrinsische Motivation der Kinder und wollen so Strafen und Belohnung vermeiden. Als Motto gilt der bekannte Satz „Hilf mir, es selbst zu tun".

Beziehen Sie Ihr Kind in die Entscheidung ein, geben Sie ihm aber nicht das Gefühl, die Entscheidung und die Verantwortung dafür allein tragen zu müssen.

PROFESSIONELLE UNTERSTÜT-ZUNGSMÖGLICHKEITEN

Reichen private Unterstützungsmöglichkeiten nicht mehr aus oder Sie oder Ihr Kind brauchen neue Inspiration, scheuen Sie sich nicht, auch professionelle Unterstützung in Anspruch zu nehmen.

Experten empfehlen vor allem körperbetonte Methoden, bei denen man den eigenen Körper spürt. Das können Ergotherapie oder körperbezogene Psychotherapie sein, aber auch Yoga oder Shiatsu können hier hilfreich sein. Besonders Therapien, die nicht auf das Sprachliche reduziert werden und unseren Kopf nicht so sehr anstrengen, können entlastend wirken. Betroffene, die Shiatsu oder Ähnliches ausprobiert haben, beschreiben es als Urlaub von den eigenen Gedanken und Emotionen, weil sie diese für einen kurzen Moment loslassen können.

Gleichzeitig vermitteln diese Methoden eine Art, mit sich und seinem Körper achtsamer in Kontakt zu treten, und entwickeln eine besondere Art von Selbstakzeptanz, die als erleichternd empfunden werden kann. Da der Zustand der Entspannung für hochsensible Menschen oftmals schwer zu erreichen ist, sind solche Erfahrungen sehr wertvoll. Trotz ihrer ausgeprägten Sensibilität sind Betroffene oftmals mit sich nicht so nachsichtig und achtsam als im Vergleich zu Dritten.

Das Überraschende ist, dass es hierbei nicht notwendig ist, dass der/die Behandler*in oder Therapeut*in Kenntnisse über die Biografie des/der Kund*in oder Gesprächstechniken verfügen muss und der/die Betroffene sich trotzdem verstanden fühlt. Sie beschreiben ein Gefühl von „ankommen". Hochsensible Menschen fühlen sich von anderen Menschen oft nicht verstanden. Auch, wenn sie versuchen, ihre Wahrnehmung detailreich zu veranschaulichen, kann ein normal-sensibler Mensch das kaum nachvollziehen. Deshalb werden nicht wenige Therapieversuche nach einiger Zeit abgebrochen. Das Gefühl, „falsch" oder zumindest „anders" als andere zu sein, und somit die fehlende Selbstakzeptanz, sind oft ein Hauptgrund für einen Therapieversuch. In unserer heutigen Leistungsgesellschaft ist oft keine Zeit, die Emotionen bewusst wahrzunehmen und sich Zeit für eine achtsame Pause zu nehmen. Das spüren die Betroffenen bereits sehr früh. Der schwere Weg zur Selbstakzeptanz kann durch eine*n Psychotherapeut*in begleitet werden, wenn das notwendig ist. Außerdem kann ein*e Therapeut*in dabei unterstützen, die eigene

Hochsensibilität als Bereicherung zu erkennen. Durch ihre gute Reflexionsfähigkeit wird die Arbeit an sich selbst auch immer unterstützt.

Was ist mit mir los? – Kindgerechte Erklärungen für die Hochsensibilität

VERSTÄNDNIS UND AKZEPTANZ FÜR SICH SELBST SCHAFFEN

Damit Ihr Kind lernt, sich selbst zu verstehen, und sich auch besser mitteilen kann, ist es wichtig, ihm zu erklären, was Hochsensibilität bedeutet. In diesem Kapitel finden Sie Anregungen, wie Sie das Thema mit

Ihrem Kind aufgreifen können. Legen Sie den Fokus auf eine positive, aber realistische Sicht.

„Du nimmst mehr Eindrücke wahr als andere Kinder. Das können zum Beispiel Gefühle, Stimmungen, Geräusche oder auch Berührungen sein. Deine Superkraft, ist, dass du viele Dinge sehr viel intensiver wahrnimmst als andere Kinder und Erwachsene. Wenn davon allerdings viel auf einmal kommt, kann es sein, dass du schlechte Laune bekommst und dich zurückziehen möchtest. Im Kindergarten und in der Schule ist es schwer, wenn es die ganze Zeit unruhig ist, weil du mehr Geräusche als andere Kinder mitbekommst. Auch die leisen Geräusche lenken dich manchmal ab. In der Schule kann es helfen, kurz auf die Toilette für eine kleine Pause zu gehen oder, wenn du das mit deiner Lehrerin absprichst, nebenbei ein bisschen zu malen.

Passiert an einem Tag sehr viel, bist du am Abend sehr kaputt. Du kannst dann ausprobieren, was dir hilft. Mal kann das ein Buch zu lesen sein oder manchmal ein Spaziergang an der frischen Luft. Das ist bei jedem anders und das kannst du für dich herausfinden. Vielleicht brauchst du sogar am nächsten Tag noch Ruhe. Superkräfte zu haben, ist nicht immer einfach und manchmal auch anstrengend. Du kannst jederzeit mit deinen Eltern oder einer Vertrauensperson darüber sprechen und ihr erklären, wie es dir geht. Manchmal möchte man auch gar nicht reden, sondern einfach nur gehalten werden und etwas kuscheln. Auch das ist in Ordnung.

Wenn du spürst, dass du innerlich unruhig wirst, dann kannst du dich gern zurückziehen. Wir können zusammen eine kleine Rückzugshöhle bauen, die nur dir gehört. Dort kannst du dich einkuscheln und wieder ein bisschen Kraft tanken. Deine Gefühle können manchmal sehr stark sein. Das geht mit schönen Gefühlen, aber auch mit Gefühlen, die sich nicht gut anfühlen. Dennoch sind alle Gefühle wichtig und in Ordnung, dass sie in diesem Moment da sind. Probiere doch mal aus, ob Musik oder Malen dir dabei helfen, die Gefühle ein bisschen besser zu verstehen und sie herauszulassen. Wir können das gern gemeinsam machen, du kannst das aber auch gern für dich ausprobieren.

Nicht alle Menschen kennen deine Superkräfte oder haben Verständnis dafür. Wenn du magst und gerade dafür Kraft hast, kannst du es ihnen erklären. Es wird aber auch Menschen geben, die es einfach nicht verstehen wollen. Es ist okay, wenn dich das verletzt und verärgert, das würde es mich auch. Du spürst ganz besonders, wie sich ein anderer fühlt und möchtest ihm helfen, wenn es ihm schlecht geht. Aber denke daran, dass nicht jeder diese Superkraft besitzt und manchmal nicht spürt, wie du dich gerade fühlst.

Fühlst du dich anders? Anders ist nicht immer schlecht! Es gibt viele Kinder und Erwachsene, denen es wie dir geht. Außerdem bist du ein normales Kind und hast eine besondere Begabung, auf die andere neidisch sein können. Du bist großartig, so wie du bist, und ich will dich nicht anders haben!"

Im Internet gibt es großartige Videos, wenn Sie weitere Unterstützung zur Erklärung brauchen. Außerdem kann es hilfreich sein, gemeinsam Kinderbücher anzusehen, in denen die Hochsensibilität thematisiert wird.

Die Kernbotschaft sollte auch hier sein, dass das Kind so in Ordnung ist, wie es ist, und es bedingungslose Liebe und Akzeptanz erfährt. Damit legen Sie nicht nur den Grundbaustein für Ihre Beziehung, sondern auch den für die Beziehung von Ihrem Kind zu sich selbst.

INTERAKTION MIT ANDEREN KINDERN

Besonders im Kindesalter versuchen sich Kinder zu vergleichen und lernen durch Nachahmung. Sie merken vielleicht, dass andere Kinder nicht so viel weinen oder ihnen neue Dinge leichter fallen.

Hochsensible Kinder haben oft das Gefühl, nicht in Ordnung zu sein, und schämen sich, weil sie anders sind. Für sie ist manchmal der ganze Trubel auf dem Pausenhof oder in der Gruppe zu viel und sie ziehen sich zurück. Gelegentlich kommt es deshalb dann auch zu Einzelgänger*innen, wobei der Austausch innerhalb einer Gruppe mit Gleichaltrigen enorm wichtig im Kindes- und Jugendalter ist. Wenn es sich also anbietet, versuchen Sie anfangs, die Brücke zwischen Ihrem Kind und den anderen Kindern oder deren Eltern zu sein, um Kontakt herzustellen. Schlagen Sie zum Beispiel ein gemeinsames Spielen vor, um einander in einem ruhigeren Umfeld kennenzulernen.

Ihr Kind braucht nicht nur die Bestärkung durch Sie als Eltern, sondern insbesondere auch von Gleichaltrigen. Denken Sie sich doch mal in Ihr Jugendalter zurück. Wollten Sie viel Zeit mit Ihren Eltern verbringen und haben Ihre typischen „Jugendprobleme" mit ihnen geteilt? Jede*r wünscht sich hier eine*n beste*n Freund*in, ein*e Verbündete*n in der weiten, großen Welt, die manchmal ganz schön beängstigend sein kann.

Wenn also Freund*innen gefunden wurden, stärken Sie den Kontakt, ohne immer dabei zu sein, wenn das Kind älter wird. Das stärkt das Autonomiegefühl, die Selbstwirksamkeit und vor allem die sozialen Kompetenzen. Indem Sie Ihrem Kind solche kleinen Dinge allein zutrauen, können Sie auch die Fähigkeit, mit neuen Situationen zurechtzukommen, stärken. Bieten Sie also auch neue Aktivitäten und mögliche Hobbys an. Für Kleinkinder sind besonders Rollenspiele geeignet, um sich in eine sichere und von ihnen geschaffene Welt zu denken. In dieser Welt können sie neue Situationen in einem sicheren Umfeld austesten. Hierüber können Sie vielleicht auch leichter in Kontakt mit anderen Kindern kommen.

Da auch diese Situationen für Ihr Kind neu sind und wahrscheinlich zu Verunsicherung führen, versuchen Sie, es wieder gut darauf vorzubereiten und mögliche Szenarien durchzugehen oder sogar im Rollenspiel zu erproben.

Dr. Ted Zeff, ein amerikanischer Autor, hat herausgefunden, dass es sehr hilfreich sein kann, wenn ein

hochsensibles Kind an einem Mannschaftssport teil-
nimmt. Eine Sportmannschaft verbindet oft eine starke
Verbundenheit und man setzt sich füreinander ein.
Wenn Ihr Kind also verschiedene Sportarten ausprobieren möchte, unterstützen Sie dies. Die körperliche
Regulation der Anspannungszustände und ein Ver-
bundenheitsgefühl im Team können richtige „Game-
changer" sein.

Für die Interaktion mit anderen Kindern kann es
ebenfalls Sinn ergeben, sich mit Kinderbüchern gemeinsam vorzubereiten.

10 Schritte zum achtsameren Umgang mit mir und meinem hoch-sensiblen Kind

1. Bedingungslose Liebe und Akzeptanz

Sehen Sie die bedingungslose Liebe und Akzeptanz als Grundlage für Ihre gute Beziehung zu Ihrem Kind und innerhalb Ihrer Familie. Sie soll Ihnen helfen, Vertrauen aufzubauen und den Selbstwert des Kindes zu stärken. Es signalisiert „Ich bin es wert, bedingungslos geliebt zu werden". Ihre Grundhaltung sollte sein, dass Ihr Kind absolut gar nichts tun oder leisten muss, damit Sie es aufrichtig lieben und akzeptieren. Liebe muss man sich nicht verdienen! Sie sollte die grundlegende Basis für ein vertrauensvolles Miteinander sein.

Machen Sie sich Gedanken, wie Sie als Kind behandelt wurden oder es sich gewünscht hätten. Was würden Sie anders oder was genauso machen? Hatten Sie das Gefühl, Sie müssen gute Leistungen in Schule und Ausbildung bringen, um positive Aufmerksamkeit und Wertschätzung zu bekommen? Oder war vielleicht sogar egal, welche Aufmerksamkeit es gewesen wäre? Denken Sie daran, dass ein Kind genau weiß, wie es Aufmerksamkeit bekommt. Das macht es vielleicht nicht bewusst, jedoch sein Unterbewusstsein wird es einfordern. Oft passiert das aber dann durch negative Aufmerksamkeit, denn wenn ich mich richtig aufführe, dann reagiert Mama auf jeden Fall, auch wenn es Schimpfen ist. Dann hat sie Augen für mich.

Versuchen Sie also, dem vorzubeugen und Ihrem Kind schon mit bedingungsloser Liebe entgegenzutreten und ihm Aufmerksamkeit zu schenken, damit es nicht darum kämpfen muss.

Mit dieser bedingungslosen Akzeptanz leben Sie Ihrem Kind außerdem vor, dass es einen hohen Selbstwert hat und lernt, auf sich aufzupassen und gut mit sich umzugehen.

2. Wertschätzende Kommunikation

Mit der wertschätzenden und wohlwollenden Kommunikation können wir auf die bedingungslose Liebe und Akzeptanz aufbauen. Bieten Sie Ihrem Kind regelmäßig Raum, sich mit Ihnen auszutauschen. Das soll allerdings ein Angebot sein, das ohne Druck stattfindet, sonst wird davon wahrscheinlich kein Gebrauch gemacht. Mit einer vertrauensvollen Beziehung können Sie aber eine Grundlage dafür schaffen, dass Ihr Kind dieses Angebot auch wahrnimmt und zu schätzen weiß.

Dass Sie Ihrem Kind zuhören, signalisieren Sie am besten, wenn Sie das aktive Zuhören integrieren. Mit etwas Übung gelingt es von allein, selbst im Alltag. Es erzeugt beim Gegenüber immer das Gefühl, dass wir tatsächlich interessiert sind und nicht aus Höflichkeit fragen, wie es ihm geht. Hochsensible Kinder spüren das noch schneller. In unserem Alltag zwischen unseren ganzen „To-dos" haben wir manchmal keine Zeit und keine Nerven für eine ausführliche

Auseinandersetzung. Und auch, wenn wir uns die Zeit nehmen und es uns wirklich interessiert, kommt es trotzdem manchmal nicht in dieser Form an. Probieren Sie das aktive Zuhören aus und schauen Sie, was für Sie persönlich umsetzbar ist.

Verwenden Sie Ich-Botschaften statt Du-Botschaften und vor allem statt zu schimpfen. Erläutern Sie Ihrem Kind, wie Sie sich fühlen und was in Ihnen ausgelöst wird. Gefühle sind kein Tabuthema, sondern gehören zu unserem Alltag. Besonders bei hochsensiblen Kindern ist es wichtig zu zeigen, dass diese Gefühle jede*r hat und diese sie extremer oder in anderen Situationen verspüren. Aber an Gefühlen ist nichts falsch!

3. Psychoedukation für Eltern und Kind

Um einen besseren Umgang mit den eigenen Emotionen, aber auch mit denen anderer, zu erlernen, ist es wichtig, zu wissen, was im Körper passiert. Es lohnt sich, genauer hinzusehen und verstehen zu wollen, warum etwas wie abläuft. Eine Möglichkeit für eine kindgerechte Erklärung finden Sie bereits in diesem Buch. Versuchen Sie aber gern, Ihre eigene Erklärung mit Ihren eigenen Worten zu finden. Vielleicht kann ein etwas älteres Kind auch selbst erklären, was ihm schwerfällt oder warum es manchmal anstrengend ist.

Im Anschluss an eine Krisensituation kann man auch gemeinsam reflektieren und noch einmal über die entsprechenden Emotionen sprechen. Wichtig ist, dass Gefühle nicht als Tabuthema gesehen werden, sondern offen über sie gesprochen wird. Denn egal, ob wir sie ansprechen oder nicht, sie sind nun mal da.

Für uns als Eltern bietet das Wissen über Hochsensibilität die Chance, unsere Kinder besser verstehen zu können. Es kann dabei helfen, die Verzweiflung, die man spürt, weil man sich ohnmächtig und hilflos fühlt, zu verringern, weil wir es besser annehmen können. Außerdem lernen wir sehr viel über unsere Emotionen und den Umgang damit.

Die Kinder können sich ebenfalls besser verstehen und so auch lernen zu akzeptieren. Wenn sie verstehen, dass sie für ihre Besonderheiten nichts können, kann das Schuldgefühle verhindern. Sie können in der Interaktion mit anderen Kindern vielleicht sogar erklären, warum sie manchmal anders reagieren. Beziehen Sie also gern die Kinder im Kindergarten oder in der Schule ein, wenn das für Ihr Kind in Ordnung ist. Achten Sie jedoch darauf, dass Sie Ihr Kind nicht unabsichtlich bloßstellen.

4. Selbstwertgefühl stärken durch Förderung von Fähigkeiten und Selbstständigkeit

Da hochsensible Kinder oft ein niedriges Selbstwertgefühl haben, sollten Sie versuchen, dieses möglichst früh im Alltag zu stärken. Damit ist nicht gemeint, dass es für alles übertrieben gelobt werden soll, sondern Sie ihm vertrauen und zutrauen sollen, Dinge selbstständig erledigen zu können.

Übertragen Sie Ihrem Kind altersentsprechende Aufgaben, für die es ganz allein verantwortlich ist (z. B. den Tisch zudecken, Haustier zu füttern etc.). Investieren Sie die Zeit zu Beginn, so kann das ein Gewinn für beide Seiten sein. Sie bekommen dadurch ein kleines Zeitfenster mehr frei und vor allem ein To-do weniger und Ihr Kind lernt, die Verantwortung zu tragen, und ist stolz auf seine eigene Aufgabe.

Durch Entwicklung eigener Interessen fördern Sie nicht nur die Fähigkeiten Ihres Kindes, sondern auch das Selbstwertgefühl. Fördern Sie das Ausprobieren und das Nachgehen eines Hobbys. Ihr Kind sollte sich hier austoben können, egal, ob körperlich, geistig oder kreativ. Das ist individuell, bei welchen Tätigkeiten Ihr Kind abschalten und entspannen kann. Versuchen Sie, dabei nicht zu vergleichen oder Druck auszuüben.

5. Blickwinkel Superkraft

Unsere Kinder lernen erst mal nur von uns, sie lernen durch Nachahmung. Für Kinder gibt es als Wirklichkeit und Wahrheit das, was die Eltern erzählen. Deswegen ist auch der Blickwinkel auf die Hochsensibilität so wichtig. Sie können wahnsinnig viel beeinflussen, damit, wie Sie die Welt sehen, und vor allem aber, wie Sie die Besonderheiten Ihres Kindes sehen.

Auch im Internet gibt es großartige Bücher oder Videos über die Hochsensibilität, die sie kindgerecht darstellen. Ein Blickwinkel ist mir besonders im Kopf geblieben: Die Behandlung als Superkräfte zeigt, dass es großartige Eigenschaften sind. Aber auch ein Held mit Superkräften braucht Auszeiten und Räume zum Verschnaufen. Prägen Sie also die Sicht auf die Welt für Ihre Kinder, aber insbesondere die Sicht auf ihre Hochsensibilität. Das geht ebenfalls durch Rollenspiele, die die Kinder auch im Kindergarten spielen können. Kinder können in ihrer eigenen Welt besser verarbeiten, was sie so fühlen und aufnehmen.

Apropos Superkraft: Ihre Superkraft ist, Ihr Kind zu erziehen! Das ist nicht immer leicht und wir kommen alle an unsere Grenzen. Doch wir geben jeden Tag unser Bestes und das spüren unsere Kinder. Und wenn wir unsere Kinder anschauen, sehen wir den Grund, warum es sich lohnt, Tag für Tag zu kämpfen. Unsere Kinder sollen schließlich starke Erwachsene werden, die ihre Superkraft und ihren Selbstwert kennen.

6. Sicherheit bieten durch Struktur und Konsequenz

Schaffen Sie Sicherheit durch eine geregelte Tagesstruktur. Erstellen Sie gemeinsam und spielerisch einen Tagesplan. Es gibt schöne Möglichkeiten, einen Plan zusammenzubasteln oder eine Vorlage im Internet zu kaufen. Das Kind kann seine Termine am Tag selbst erstellen oder malen und auf die Übersicht kleben. Hängen Sie den Plan an einen zentralen Ort, an dem er einsehbar ist.

So kann das Kind auch selbstständig auf den Plan sehen und durch die bildhafte Darstellung auch erkennen, was als Nächstes kommt. Durch die gemeinsamen Rituale (z. B. vor dem Schlafen ein Buch zusammen zu lesen) schaffen Sie eine Verbundenheit innerhalb der Familie und ein stabiles, sicheres Umfeld für Ihr Kind. Auch die Gestaltung des Tagesplans könnte ein regelmäßiges Ritual werden. Beispielsweise könnte beim Abendessen jeder von seinem Tag erzählen und dann der nächste Tag besprochen und geplant werden.

Nehmen Sie auch hier die Grenzen Ihres Kindes wahr, damit es nicht zu viel wird.

Denken Sie daran, dass Konsequenz den Alltag langfristig erleichtert und eine klare Linie in der Erziehung auch dem Kind Stabilität gibt. Auch, wenn es manchmal hart ist und nicht leichtfällt, zahlt sich Konsequenz aus. Allerdings kennen Sie Ihr Kind am besten und spüren, wenn es mal angebracht ist, eine Ausnahme zu machen. Denken wir an unsere Kindheit zurück, erinnern wir uns doch auch oft an die schönen Ausnahmen, die meist nur so besonders waren, weil sie Ausnahmen waren.

7. Mehr Achtsamkeit im Alltag und regelmäßige Auszeiten

Hochsensibilität kann für jeden anstrengend sein, das gilt für die gesamte Familie. Schaffen Sie sich Auszeiten, um wieder Kraft zu tanken. Das gilt für Ihr Kind und aber genauso für Sie als Eltern. Planen Sie diese Auszeiten auch in Ihrem Terminkalender und erstellten Tages- oder Wochenplan.

Sie brauchen genauso Entspannung wie Ihr Kind. Sie brauchen ständig einen klaren Kopf und das geht nicht, wenn man im Dauerstress ist. Wenn Ihr Kind also schläft, nehmen Sie sich eine kleine Auszeit.

Nutzen Sie die Zeit sonst für den Haushalt, stehen Sie weiter unter Strom und Ihr Kind wacht auf und Sie haben wieder keine Möglichkeit, Energie zu tanken.

Probieren Sie Dinge aus, die Sie auch kurzfristig entspannen können. Sollten Sie nur eine halbe Stunde Zeit haben, dann rentieren sich vielleicht einige Dinge nicht oder verursachen noch mehr Stress. Aber vielleicht könnten Sie eine kurze Meditation mit positiven Affirmationen machen. Suchen Sie sich Methoden, die Sie leicht in Ihrem Alltag umsetzen können, und fangen Sie langsam an. Setzen Sie sich nicht hier auch noch unter Druck, sondern seien Sie dankbar für die heute genommene Auszeit. Es ist immer in Ordnung, so wie es heute geht. Sie möchten das machen, um sich etwas Gutes zu tun und nicht, um mehr Stress zu erzeugen.

Versuchen Sie vielleicht mal Meditation oder zum achtsameren Start in den Tag ohne Stress ein Morgenritual oder positive Affirmationen. Besonders, wenn Sie selbst nicht zufrieden mit sich selbst sind und zweifeln, ob Sie Ihre Sache gut machen, kann es hilfreich sein, mit positiven Affirmationen oder geführten Meditationen in den Tag zu starten. Manchen hilft besonders Yoga morgens, um den richtigen Schwung für den Tag zu bekommen, oder abends zum Entspannen und um den Kopf auszuschalten. Ein einfaches Morgenritual kann schon sein, dass Sie den ersten Kaffee allein trinken und dann erst Ihr Kind wecken. Probieren Sie neue Dinge aus und geben Sie ihnen eine Chance.

8. Verschnaufpause in Krisensituationen

Sie müssen nicht immer richtig reagieren und können das auch gar nicht. In einer Krisensituation ist unsere Reaktion meist stark beeinflusst von unseren Emotionen. Ist die Situation vorüber, bereut man gelegentlich, nicht vorher darüber nachgedacht zu haben. Oft ist der erste Impuls unserer Wut, lauter zu werden oder gar zu schreien. Tut Ihr Kind also gerade etwas, was Sie enorm wütend macht, versuchen Sie, sich aus der Situation zu nehmen.

Gehen Sie kurz in einen anderen Raum, schließen Sie die Augen und nehmen Sie ein paar tiefe Atemzüge. Halten Sie sich immer vor Augen, dass Ihr Kind Sie nicht wütend machen und meist noch nicht mal bewusst verärgern möchte. Selbst, wenn es den Impuls verspürt, Sie zu verärgern, hat das einen Grund und dahinter steckt ein Bedürfnis. Oft ist dieses Bedürfnis Aufmerksamkeit. Machen Sie sich in diesem Moment klar, dass Ihr Kind das nicht persönlich gegen Sie meint, sondern ein Bedürfnis aus ihm spricht und es das vielleicht noch nicht anders äußern kann. Um das Bedürfnis äußern zu können, muss man es erst einmal selbst wahrnehmen, und das ist nicht einfach und erfordert viel Achtsamkeit mit sich selbst und Übung. Versuchen Sie also, Ihr Kind in dem Moment zu verstehen und tief durchzuatmen. Mit einem etwas klareren Kopf reagieren Sie weniger impulsiv und vermeiden Eskalationen.

Das wird nicht immer und schon gar nicht am Anfang funktionieren. Versuchen Sie am Anfang, erst einmal wahrzunehmen und kurz in der Situation innezuhalten. Geben Sie sich Zeit. Verhalten nachhaltig zu verändern, kann schwer sein.

9. Strategien gegen und bei Überforderung erarbeiten

In Krisensituationen können wir oft nicht mehr klar denken. Deshalb ist es sinnvoll, sich in einem Moment, in dem es mir gut geht, darüber nachzudenken, welche Strategien in diesen Krisen hilfreich sein könnten. Das sollten ein paar verschiedene sein, denn nicht jede hilft immer. Jeder Tag ist unterschiedlich und auch der Grad der Überforderung kann unterschiedlich sein. Diese Strategien helfen uns, die Intensität, Dauer und die Qualität der Emotionen regulieren zu können. Damit will man verhindern, den eigenen Emotionen ausgeliefert zu sein und sich ohnmächtig zu fühlen. Für das Kind übernehmen das Trösten und Helfen die Eltern, später soll es diese Dinge dann jedoch selbst können. Deshalb ist es wichtig, diese Strategien gemeinsam zu entwickeln und auch zu üben.

Tom Falkenstein beschreibt in seinem Buch „Hochsensible Männer" Möglichkeiten, Strategien zu entwickeln, welche natürlich genauso für Frauen nützlich sind.

- Emotionen bewusst wahrnehmen (Welche Gefühle spüre ich gerade in diesem Moment?)
- Auslöser erkennen können (Was genau ist gerade der Auslöser? Ist das immer in dieser Situation?)
- Emotionen wahrnehmen und sie akzeptieren (Gefühle wahrzunehmen und sie auszuhalten, nicht sofort zu handeln; es ist okay, so zu fühlen)
- Emotionen als etwas Normales bewerten (Jeder hat Gefühle, es ist in Ordnung, so zu fühlen.)
- Erkennen vom Zusammenhang zwischen emotionalen Grundbedürfnissen und Emotionen (Ich fühle mich ..., weil ich ... brauche.)

- Selbstunterstützung (Mitgefühl sich selbst gegenüber haben; Vorstellung: Wie würde ich mit einem Freund sprechen?)
- Selbstberuhigung (Finden von alternativen, beruhigenden Gedanken „Es wird alles gut")
- Konkrete Verhaltensänderungen in der Situation (etwas bewusst anders zu machen; Veränderung, um die Situation zu verbessern)
- Einsatz körperlicher Entspannung (bewusste Muskelentspannung; Atemübungen)
- Imagination (Fantasiereisen; Ressourcen bildhaft darstellen).

Wichtig bei der Entwicklung der Strategien ist, dass Ihr Kind das Sagen hat und entscheiden kann, ob es ihm hilft oder nicht. In dem Fall können Sie ihm auch signalisieren, dass Sie ihm vertrauen und es sich nicht falsch entscheiden kann, weil es der Profi für seinen Körper ist. Bieten Sie Unterstützung bei der Erarbeitung an, aber wieder gilt, es ist ein freiwilliges Angebot, das auch abgelehnt werden darf.

10. Unterstützungsmöglichkeiten suchen

Spüren Sie in sich hinein und probieren Sie aus, was Ihnen im Alltag Unterstützung bietet. Bauen Sie sich ein Netzwerk auf, sowohl im privaten Umfeld mit Freunden und im professionellen Umfeld mit Unterstützungsmöglichkeiten durch Fachpersonal. Es ist okay, sich Unterstützung zu suchen, man darf es sich einfacher machen. Fragen Sie die Eltern eine*r Kindergartenfreund*in, ob Ihr Kind heute den Nachmittag mit bei ihnen spielen darf. Als Gegenleistung könnten Sie das Gleiche anbieten. Und dann nutzen Sie den Tag für sich und sammeln wieder etwas Kraft. Auch Babysitter*innen sind oft eine gute Möglichkeit, sich auch regelmäßige Auszeiten zu nehmen oder Dinge in Ruhe zu erledigen und somit etwas den Stress herauszunehmen. Wenn es Ihnen Unterstützung oder Austausch bietet, informieren Sie sich in Internetforen mit Gleichgesinnten. Allerdings sollten Sie darauf achten, dass die Foren und Websites positiven Inhalt haben und Sie nicht negativ beeinflussen oder belasten. Holen Sie sich hier oder bei guten Freund*innen mentale Unterstützung.

Professionelle Unterstützung kann in Form therapeutischer Angebote etwas Langfristiges, aber auch Kurzfristiges sein. Aber auch ein professioneller Rat oder nur die Bestätigung von Fachpersonal, dass man alles richtig macht, kann erleichtern. Suchen Sie hierzu gern Beratungsstellen auf.

Herstellung und Verlag:
BoD – Books on Demand, Norderstedt
ISBN: 9783754318645